BEI GRIN MACHT SICH IHR WISSEN BEZAHLT

Das Transtheoretische Modell im Kontext der Gesundheits- und Umweltpsychologie

Bibliografische Information der Deutschen Nationalbibliothek:

Die Deutsche Nationalbibliothek verzeichnet diese Publikation in der Deutschen Nationalbibliografie; detaillierte bibliografische Daten sind im Internet über http://dnb.d-nb.de abrufbar.

ISBN: 9783346822338
Dieses Buch ist auch als E-Book erhältlich.

© GRIN Publishing GmbH
Nymphenburger Straße 86
80636 München

Druck und Bindung: Books on Demand GmbH, Norderstedt Germany
Gedruckt auf säurefreiem Papier aus verantwortungsvollen Quellen

Das vorliegende Werk wurde sorgfältig erarbeitet. Dennoch übernehmen Autoren und Verlag für die Richtigkeit von Angaben, Hinweisen, Links und Ratschlägen sowie eventuelle Druckfehler keine Haftung.

Das Buch bei GRIN: https://www.grin.com/document/1331194

Einsendeaufgabe

Das Transtheoretische Modell im Kontext der Gesundheits- und Umweltpsychologie

Aufgabennummer:

Alternative A

SRH Fernhochschule

Modul:

Gesundheits- und Umweltpsychologie

Studiengang:

Psychologie M.Sc.

Inhalt

1. Aufgabe

1.1 Das Transtheoretische Modell

Bei dem Transtheoretischen Modell der Verhaltensäderung (Abgekürzt TTM) handelt es sich um ein Modell, das zu den Stufenmodellen des Gesundheitsverhaltens gezählt wird (Prochaska & Velicer, 1997). Als solches beschreibt das TTM die Veränderung der Intention bezüglich gesundheitsrelevanten Verhaltens, innerhalb deren verschiedene Stufen durchlaufen werden – bis hin zur erfolgten Verhaltensänderung. Zu den Stufen zugeordnet werden Personen anhand der motivationalen Ausgangslage. Außerdem spielt die Absicht für Verhalten in der Zukunft eine Rolle sowie das vergangene Verhalten (Scholz & Schwarzer, 2005).

Seinen Namen erhielt das Modell dadurch, dass es viele Ansätze, Konstrukte und Ideen auch unterschiedlichen therapeutischen Schulen und Theorien in sich vereint. Entwickelt wurde es mit dem Ziel, Raucherentwöhnung besser zu verstehen und dadurch auch besser begleiten zu können (Prochaska & DiClemente, 1983). Mittlerweile wurde es so weiterentwickelt, dass es auch auf andere Aspekte des gesundheitsrelevanten Verhaltens anwendbar ist (Velicer, Prochaska, Fava, Norman & Redding, 1998; Keller, 1999).

Zentraler Bestandteil des TTM sind die Stufen der Verhaltensänderung. Die erste Stufe ist die Stufe der Absichtslosigkeit (Präkontemplation), darauf folgen die Stufen Absichtsbildung (Kontemplation), Vorbereitung, Handlung und Aufrechterhaltung (Prochaska, Velicer, DiClemente & Fava, 1988).

Im ersten Stadium, der Stufe der Absichtslosigkeit, besteht noch keine Absicht, ein problematisches oder potenziell gesundheitsgefährdendes Verhalten innerhalb der nächsten sechs Monate zu ändern. Es besteht noch kein Problembewusstsein und somit keine Veranlassung, ein bestimmtes Verhalten zu verändern. Auf der zweiten Stufe findet die Absichtsbildung statt. Eine Person hat die Intention ein bestimmtes Verhalten innerhalb der nächsten sechs Monate, aber nicht innerhalb des nächsten Monats zu ändern. Daher bestehen noch keine konkreten Pläne oder Rahmenbedingungen. Negative und positive Handlungsergebniserwartungen werden in diesem Stadium abgewogen. Darauf folgt das Vorbereitungsstadium. Es gibt nun also nicht nur die Absicht, ein Verhalten im nächsten Monat zu ändern, sondern es werden konkrete Pläne gemacht und es erfolgen erste Schritte, die auf eine Verhaltensänderung abzielen. Ist die Planung abgeschlossen, geht die Person in das Handlungsstadium über. Sie wird aktiv und setzt den Plan in die Tat um. Dies geschieht mindestens seit einem Tag oder aber längstens seit einem halben Jahr. Die Menschen, die dieses Stadium erreicht haben, haben bereits erste Erfolge erzielt, zum Beispiel ein spezifisches Kriterium der Veränderung erreicht. Hat die Verhaltensveränderung sei sechs Monaten erfolgreich stattgefunden, werden die Personen dem nächsten Stadium zugeordnet. Auf der Stufe der Aufrechterhaltung, hat die Person das problematische oder potenziell gesundheitsgefährdende Verhalten abgelegt und stellt entsprechende Bemühungen an, damit dies so bleibt. Die Dauer dieses Stadiums liegt bei bis zu fünf Jahren (Prochaska & DiClemente, 1983).

Die Konstrukte Selbstwirksamkeitserwartung und Entscheidungsbalance wirken sich auf den gesamten Prozess aus und unterscheiden sich hinsichtlich ihrer Ausprägung auf den verschiedenen Stufen.

1.2 Anwendung des Modells auf Rauchen und Bewegung

Um Menschen auf dem Weg der Verhaltensänderung begleiten zu können, sind die Veränderungsstrategien hilfreich. Die kognitiv-affektiven Strategien (Steigerung des Problembewusstseins, die Wahrnehmung von unterstützenden Umweltbedingungen, das emotionale Erleben bezüglich des Problemverhaltens, die Neubewertung der Umwelt sowie die Neubewertung der persönlichen Umwelt) finden vorwiegend innerhalb der ersten drei Phasen Anwendung. In den darauffolgenden Stufen, Handlung und Aufrechterhaltung, werden vor allem die verhaltensorientierten Strategien (Selbstverpflichtung, die Nutzung sozialer Ressourcen, Selbstverstärkung, Gegenkonditionierung, Stimuluskontrolle) genutzt (Prochaska et al., 1988; Keller, 2008).

Wenn ein Gesundheitscoach eine Person bei der Verhaltensveränderung unterstützt, ist es notwendig, herauszufinden, auf welcher Stufe des Transtheoretischen Modells diese sich aktuell befindet. Hierfür werden am besten standardisierte Fragebögen genutzt (Pallonen et al., 1998).

In der Stufe der Präkontemplation könnte der Gesundheitscoach sich auf die kognitiv-affektive Strategie der Stärkung des Problembewusstseins konzentrieren. Es kann zielführend sein, die Peron über die potenziellen Konsequenzen des Nikotinkonsums aufzuklären. Auch die Ursachen dessen können thematisiert werden. Dadurch kann der Wunsch einer Verhaltensänderung entstehen. Es können auch die Interpretation, die Konfrontation oder das Feedback zur Anwendung kommen. Wenn die Person mit anderen Menschen in einem Haushalt lebt, könnten diese über das Vorhaben unterrichtet werden. Um sich zuhause weiter mit dem Thema zu beschäftigen, kann Literatur oder anderes Informationsmaterial herangezogen werden (Brückner, 2006).

Befindet sich eine Person auf der zweiten Stufe des Transtheoretischen Modells, der Kontemplation, kann der Gesundheitscoach an den Umweltbedingungen oder auf der emotionalen Ebene arbeiten. Der Gesundheitscoach könnte Sorge äußern und zum Ausdruck bringen, dass er die potenziellen Konsequenzen des aktuellen Problemverhaltens, wie etwa Nikotinkonsum oder Bewegungsmangel, besorgniserregend findet. Außerhalb des Coaching-Kontextes können Medienkampagnen eine Person auf der emotionalen Ebene erreichen (Brückner, 2006). Wenn es darum geht, dass eine Person sich mehr bewegen möchte, können hier niedrigschwellige neue Gewohnheiten implementiert werden. Die Person könnte für kurze Strecken statt des Autos das Fahrrad nehmen. Beim Einkaufen könnte sie das Auto nicht direkt am Einfang parken, sodass ein kurzes Stück gehen muss. Statt des Aufzugs könnten die Treppen genommen werden. Es sollte nicht direkt über Sportarten und Trainingspläne nachgedacht, sondern erste kleine Anpassungen im Alltag vorgenommen werden, um erreichbare Ziele zu setzen. So erlebt die Person kleine Erfolge, die motivieren (Cronacher, 2013; Cronacher, 2018).

Möchte ein Gesundheitscoach eine Person begleiten, die sich auf der Stufe der Vorbereitung befindet, bietet sich zum Beispiel die kognitiv-affektive Strategie der Selbstneubewertung an. Zuerst ist es sinnvoll, dass gesunde Vorbilder thematisiert und die Werte der Person besprochen werden (Cronacher, 2018). Eine Person, die sich mehr bewegen möchte, kann dann angeleitet werden, zu visualisieren, wie es sich anfühlt, agiler zu sein und stolz auf das Erreichte zu sein. So kann erreicht werden, dass die Person sich auf kognitiver und affektiver Ebene neu bewertet und sich das Ziel der Verhaltensänderung greifbarer anfühlt – das Selbst wird neu bewertet (Velicer et al., 1998). Neben der Neubewertung des Selbst kann auf dieser Stufe auch die Neubewertung der persönlichen Umwelt zu Fortschritten führen (Brückner, 2006). So kann beim Beispiel des Nikotinkonsums darüber reflektiert werden, wie sich das Rauchen auf die Umwelt auswirkt. In Betracht gezogen werden können Menschen im nahen Umfeld oder fremde Menschen, die in die Situation des passiven Rauchens geraten. Abgesehen davon kann auch eine Vorbildfunktion für Menschen im sozialen Umfeld zum Thema werden (Cronacher, 2013; Stonerock & Blumenthal, 2017).

Ist die vierte Stufe erreicht, werden die kognitiv-affektiven Strategien von den verhaltensorientierten abgelöst. Der Gesundheitscoach kann nun die Selbstverpflichtung heranziehen. Mithilfe dieser Strategie steigt die Verbindlichkeit des Ziels und somit auch das Engagement (Pfeffer & Wagner, 2020, Brückner, 2006). Die Person kann den Mitmenschen von dem Vorhaben erzählen und sorgt dadurch automatisch auch für soziale Unterstützung. Abgesehen von den schon bestehenden Kontakten kann auch der Kontakt zu einer Selbsthilfegruppe gesucht werden (Kröger, Piontek & Nowak, 2010; Lippert, 2021).

Wenn es schließlich um die Aufrechterhaltung des angestrebten Verhaltens geht, kann mit der verhaltensorientierten Strategie der Stimuluskontrolle gearbeitet werden (Stonerock & Blumenthal, 2017). Wenn eine Person mehr Bewegung in ihrem Alltag möchte, kann sie die Sporttasche mit zur Arbeit zu nehmen, um erst zum Training zu fahren und im Anschluss nach Hause. Auch die Strategie, Sportkleidung direkt neben das Bett zu legen, kann die Hemmschwelle für morgendliches Yoga senken. Bezüglich des Verhaltensbereiches

Nikotinkonsum könnte der Coach mit der zu coachenden Person daran arbeiten, dass sich keine Zigaretten im Haus befinden (Brückner, 2006).

Laut Pfeffer und Wegner (2020) kann die Gegenkonditionierung auf dieser Stufe eine wirksame Strategie sein. Der Gesundheitscoach erarbeitet mit dem Coachee ein Grundverständnis für Konditionierungsprozesse (Brückner, 2006). Gegenkonditionierung kann durch das Etablieren einer neuen Verhaltensweise als Ersatz für die problematische Verhaltensweise. Im Optimalfall werden hierbei Situationen hergestellt, die die neue Verhaltensweise positiv konnotieren.

Im Rahmen der Selbstverstärkung belohnt sich die Person für die Ausführung des Zielverhaltens. Die Belohnungen können etwa verbaler Art sein. Mit der Zeit können die Ziele angepasst werden. (Pfeffer & Wagner, 2020).

1.3 Aktueller Forschungsstand – Veränderungsstrategien

Das Transtheoretische Modell wurde im Laufe der Zeit vielfach hinsichtlich seiner Wirksamkeit bezüglich Rauchens, Ernährungsverhaltens und Bewegungsmangels untersucht.

So fand Rosen (2000) für das Rauchen heraus, dass hier kognitiv-affektive Strategien besonders auf der zweiten und dritten Stufe – der Absichtsbildung und der Vorbereitung zur Anwendung kommen. Auf der Stufe der Handlung und der Stufe der Aufrechterhaltung hingegen werden eher verhaltensorientierte Strategien angewendet. Diese Ergebnisse zeigten sich lediglich im Kontext des Rauchens als valide, nicht in anderen Verhaltensbereichen.

Bühler, Metz, Kröger und Schulz (2004) untersuchten, in welcher Phase des Transtheoretischen Modells sich Raucher*innen befanden als sie sich für eine Entwöhnung entschieden. Die meisten Teilnehmenden befanden sich auf der Stufe der Absichtsbildung oder der Vorbereitung. Ein geringer Teil (2,9-19%) waren auf der Stufe der Absichtslosigkeit oder auf der Handlungsstufe. Die Teilnehmenden konnten entweder ein Motivations- oder ein Fertigkeiten-Training wählen. Die Trainings waren an die von Prochaskas et al. (1988) postulierten kognitiv-affektiven und die verhaltensorientierten Strategien angelehnt. Es zeigte sich, dass sich bei der Wahl die jeweilige Stufe der Teilnehmer*innen keine Rolle spielte. Verschiedene Modi bzw. Arten von Entwöhnungskursen werden also nicht abhängig vom Motivationsstand gewählt. Wenn sich Personen für eine Tabakentwöhnungsmaßnahme aktiv interessieren, sind sie in der Regel #bereits auf der Stufe der Absichtsbildung oder Vorbereitung. Dies ist unabhängig davon, ob die Teilnehmenden sich für ein kognitiv-verhaltenstherapeutisches oder motivationales Angebot entscheiden. Nur sehr wenige Personen, die sich auf der Stufe der Absichtslosigkeit befanden, wählten freiwillig einen motivationalen Kurs zur Tabakentwöhnung. Bühler et al. (2004) schließen daraus, dass motivationale Angebote verpflichtend sein sollten, die Menschen erreichen möchten, welche noch nicht über eine Entwöhnung nachgedacht haben. Auch könnten mehr Rauchende erreicht werden, wenn der Kurs als gesundheitliche Förderung betitelt wird und nicht als Nikotinentwöhnung.

Für den Verhaltensbereich Bewegung zeigten zwei Metaanalysen signifikante Forschungsergebnisse: In diesem Kontext wurden kognitiv-affektive Strategien und auch verhaltensorientierte Strategien gleichermaßen in den späten Stufen mehr verwendet als in den Stufen zu Beginn des Prozesses (Rosen, 2000; Marshal & Biddle, 2001). Aus diesem Grund ziehen Marshall und Biddle (2001) die Schlussfolgerung, dass es im Bereich Bewegung bzw. körperliche Aktivität nicht besonders sinnvoll ist, die Unterscheidung zwischen kognitiv-affektiven und verhaltensorientierten Strategien vorzunehmen. Auch die Ergebnisse von Kanning (2006) konnten die zweidimensionale Struktur der genannten Strategien für den Bereich Bewegung nicht bestätigen.

Marc (2007) untersuchte, die Stufen des Transtheoretischen Modells und die Relevanz der verschiedenen Strategien bezüglich des Verhaltensbereichs Bewegung. Marc konstatierte, dass das Modell je nach Verhaltensbereich Anpassungen erfahren sollte. Insbesondere für körperliche Aktivität stellt sich, laut Marc (2007), die Frage, ob die beiden Subtypen der Strategien wirklich sinnvoll und hilfreich seien.

Nachdem Velicer und Keller im Jahre 1999 noch postulierten, dass es sich bei den Veränderungsstrategien um den bis dato am wenigsten erforschten Aspekt des Transtheoretischen Modells handelt, scheint die Forschung Fahrt aufgenommen zu haben (Rosen, 2000; Bühler et al., 2004; Marshal & Biddle, 2001; Kanning, 2006; Marc, 2007). Die Frage nach der Sinnhaftigkeit der zwei Arten von Veränderungsstrategien scheint eine deutliche Tendenz zur Verneinung bekommen zu haben.

2. Aufgabe

2.1 Impact und Intent Definition

Heutzutage ist umweltschützendes Verhalten ein viel diskutiertes Thema. Das Engagement für besseren Klimaschutz ist zunehmend sichtbar (Strubel, Riedner & Kals, 2016). Der Vergleich von impact-orientiertem und intent-orientiertem Verhalten spielt eine wichtige Rolle. So kann herausgefunden werden, welche Art von Verhalten in der Klimakrise wirkt (Dietz, Gardner, Giligan, Stern & Vandenbergh, 2009; Moser & Kleinhückelkotten, 2018; Stern, 2000).

Unter Intent versteht man das Motiv hinter einer Handlung. (Moser & Kleinhückelkotten, 2018). Diese Verhaltensweisen geschehen mit einer positiven Intention, haben aber in der Regel nur eine geringe Wirkung (Dietz et al., 2009). Da Ressourcen effizient genutzt werden sollten, braucht es die Einstufung des Impacts, um gute Entscheidungen treffen zu können (Kennedy, Krahn & Krogman, 2015). Impact beschreibt, welchen Effekt ein Verhalten auf die Umwelt hat. Die intendierte Auswirkung deckt sich nicht zwangsläufig mit dem tatsächlichen Ergebnis, dem Impact (Moser & Kleinhückelkotten, 2018). Impact-orientiertes Verhalten zielt auf möglichst große ökologischen Entlastung ab (Gatersleben, Steg & Viek, 2002).

Während Intent also das ist, was eine Person durch eine Handlung oder ein Verhalten erreichen möchte, beschreibt der Impact, was die tatsächliche Wirkung der Verhaltensweise. Eine Handlung mit gutem Intent, resultiert nicht zwangsläufig in einem wirkungsvollen Ergebnis. Diese Erkenntnis ist sowohl für psychologische als auch politische und umweltbezogene Prozesse und Entscheidungen wichtig (Moser & Kleinhückelkotten, 2018; Fischer & Stieß, 2020).

Eine Definition, die auf den Impact fokussiert ist, erscheint sinnvoll, da sie dazu beigetragen kann, ökologisch effektive Verhaltensweisen zu finden (Stern & Gardner 1981). Gleichzeitig ist aber auch eine intent-fokussierte Definition wichtig, da sie erlaubt, mehr über die Motive und Anreize von Verhaltensweisen zu verstehen. Sie hilt zu erforschen, auf welche Weise Menschen zu einer für den Umweltschutz wünschenswerten Verhaltensänderung angeregt werden können (Stern, 2000).

Intent- und impact-orientiertes Verhalten weisen unterschiedliche Determinanten auf. Um ökologisch effektives Verhalten näher untersuchen zu können, lohnt es sich den Fokus auf das impact-orientierte Verhalten und seine Determinanten zu legen (Gatersleben, Steg & Viek, 2002). Csustora zeigte 2012, dass Personen mit einem höheren Einkommen auch einen größeren ökologischen Impact haben. Somit scheint der sozioökonomische Status eine der Determinanten für impact-orientiertes Verhalten zu sein. Bei umweltpsychologischer Forschung ist es laut Gatersleben et al. (2002) ebenfalls wichtig, dass anhand von Messinstrumenten erhoben wird, inwiefern sich Verhaltensänderungen von Individuen tatsächlich auf Umwelt und Klima auswirken.

2.2 Messbarkeit und Anwendung auf Flugreisen und Ernährung

Impactorientiertes Verhalten kann direkt oder indirekt sein und unterscheidet sich dementsprechend hinsichtlich seines ökologischen Effektes (Stern, 2000).

Unter direktem impact-orientiertem Verhalten versteht man etwa, Recycling oder statt dem Auto das Fahrrad zu nutzen. Menschen haben dadurch das Gefühl, veränderungswirksam zu handeln. Indirekte Verhaltensweisen hingegen, geben den Menschen dieses Gefühl nicht. Sie finden in einem abstrakteren Kontext statt und haben einen größeren Einfluss auf die Umwelt als direkte. So können Änderungen in der Steuerpolitik oder im Bereich Entwicklungshilfe einen deutlichen Unterschied machen (Stern, 2000).

Neben der Umweltpsychologie haben auch Politikwissenschaften, Soziologie sowie die Biochemie ein Interesse am Messen von Impact und Intent. Erst nach der Erfassung des Impacts kann entschieden werden, welches Verhalten verändert werden sollte. Die intentions-orientierte Sicht ist jedoch ebenfalls relevant, da diese Möglichkeiten für die Modifizierung von Verhalten aufzeigt (Bilharz, 2009). Eine Methode, um den Impact zu messen ist, die CO_2-Emissionen zu ermitteln. Während im Bereich Lebensmittel zusätzlich zum direkten Verbrauch auch der indirekte Verbrauch gemessen wird, beim Verkehr nur der direkte Verbrauch betrachtet. Zum Kriterium des indirekten Verbrauchs gehören etwa die Energie für den Transport, die Herstellung oder die Verarbeitung von Nahrungsmitteln verwendet wird (Moser & Kleinhückelkotten, 2017).

In diesem Fallbeispiel steht eine Person im Mittelpunkt, das sich vorwiegend von regionalen Nahrungsmitteln ernährt und umweltbewusst lebt. Sie plant, einen Flug anzutreten. Nun möchte sie herausfinden, wie groß der Impact einer regionalen Ernährung einerseits und einer Flugreise andererseits auf die CO_2-Emissionen ist.

Nimmt man den Aspekt Ernährung in den Blick, zeigen Daten des Umweltbundesamtes etwa, dass der CO_2-Ausstoß sinkt, sobald eine Person sich dazu entscheidet, kein Fleisch mehr zu essen. Reduzierungen des Fleischkonsums könnte bis 205 zu einer Emissionsreduzierung von etwa 40-70% beitragen (IPCC, 2022). Etwa 0,98 Tonnen Co_2 werden ausgestoßen, wenn eine Person kein Fleisch konsumiert. Bezüglich der CO_2-Emissione gibt es keinen großen Unterschied zwischen einer Person, die überwiegend saisonale, regionale Bio-Ware konsumiert im Vergleich zu einer Person, die nicht auf das Kaufen von Regionalität, die Saison und Bio-Produkte achtet. In Deutschland liegt die durchschnittliche CO_2-Emission bei etwa 1,69 Tonnen pro Person pro Jahr (Umweltbundesamt, n.d.).

Das Fliegen wird vom Umweltbundesamt wegen der Co_2-Emissionen, der Kerosin-Verbrennung und der Produktion weiterer Stoffe als klimaschädlichster Personentransport klassifiziert (2022). Alle drei Komponenten haben einen Anteil an der Klimaerwärmung (Beer, 2016). Die Menge an CO_2, die bei einem Flug ausgestoßen wird, lässt sich anhand der zurückgelegten Strecke ermitteln. In euner Studie zeigte sich, dass Menschen eher bereit sind eine längere Dauer ihrer Anreise in Kauf zu nehmen , als höhere Kosten (Bursa, Mailer, Axhausen, 2022)

Laut Moser und Hückelkotten (2017) können nur Menschen mit höherem Einkommen das Transportmittel Flugzeug und regionale, saisonale und Bio-Produkte wählen. Diese

Optionen sind in der Regel die teureren. Daraus lässt sich schließen, dass Menschen mit höherem sozioökonomischen Status und somit auch einem höheren Einkommen einen höheren Impact auf die Umwelt verzeichnen (Csustora, 2012).

2.3 Die Theorie des geplanten Verhaltens (TPB)

Die Theorie des geplanten Verhaltens zeigt sich auf Grundlage verschiedener Studien immer wieder erfolgreich, wenn es darum geht, Verhaltensweisen von Menschen zu erklären oder vorherzusagen (Ajzen, 1991; Marks, 2008; Hagger, Chatzisarantis & Biddle, 2002). Dabei können mitunter auch verschiedene Lebensbereiche differenziert werden.

Die Theorie des geplanten Verhaltens (Theory of planned behavior, abgekürzt: TPB) dient dem Zweck, menschliches Verhalten vorherzusagen und zu erklären (Ajzen, 1991). Ajzen entwickelte seine und Fishbeins Theorie des überlegten Handels (theory of reasoned action, kurz: TRA) aus dem Jahr 1975 weiter. In dieser wird angenommen, dass die Intention einer Person für eine bestimmte Verhaltensweise auch der zuverlässigste Prädiktor für dieses spezifische Verhalten ist (Ajzen & Fishbein, 1975). Die Intention reflektiert somit auch die Motivation eines Individuums bezüglich eines Verhaltens (Ajzen & Fishbein, 1980).

Aus der TRA entstand die Theorie des geplanten Verhaltens (TPB). Grundlage dieses Strukturmodells ist, dass der Mensch ein rationales Wesen ist. Er trifft Entscheidungen für Verhaltensweisen, indem er vorhandene bzw. zugängliche Informationen auswertet. Die TRA bezieht sowohl Einstellungen als auch Verhaltensintentionen und Verhaltensweisen in kausalen Relationen ein (Ajzen & Fishbein, 1975).

Auch die TPB hat Verhaltensintention des Menschen im Fokus. Sie postuliert, dass die Handlungsentscheidung durch Intention entsteht. Die Intention wird durch drei Prädiktorstrukturen bestimmt: Einstellung, subjektive Norm und wahrgenommene Verhaltenskontrolle. Bezüglich der Norm kann zwischen der injuktiven und der deskriptiven Norm unterschieden werden (Ajzen & Fishbein, 2005). Die injunktive Norm bezieht sich auf einen Druck sozialer Art, der eine Person dazu animiert, ein Verhalten deswegen zu zeigen, weil sie subjektiv eine Erwartung der anderen empfindet. Die deskriptive Norm hingegen bezieht sich auf sozialen Druck hinsichtlich eines beobachteten und schlussfolgernd als nachahmenswertes eingestuftes Verhalten (Manning, 2009). Mit der TPB werden die Prädiktorstrukturen und andere unmittelbare einflussnehmende Faktoren für das zu verändernde Verhalten definiert. Die TPB konstatiert, dass andere Faktoren nur einen indirekten Einfluss auf das menschliche Verhalten haben (Ajzen,1985; zitiert nach Staudenmaier, 2012).

2.4 Anwendung auf die Aspekte Flugreise und Ernährung

Die TPB findet in verschiedenen Bereichen Anwendung. Sowohl im Fachbereich der Rechtspsychologie (Wittenberg, 2009) als auch in der Gesundheitspsychologie (Scholz & Schwarzer, 2005) und in der Umweltpsychologie (Weber & Fiebelkorn, 2019; Pömpner & Geise, 2019) spielt die TPB eine Rolle.

Auch aus dem vorliegenden Beispiel, einer umweltbewussten, regionalen Ernährung und einer Flugreise können unter Anwendung der TPB wichtige Schlüsse gezogen werden. Hierfür kann genauer betrachtet werden, inwiefern die drei Aspekte Einstellung zum Verhalten, subjektive Norm und Verhaltenskontrolle sich auf die Intention einer Person auswirken. So kann die Einstellung gegenüber dem Antreten einer Flugreise entweder positiv oder aber negativ sein. Wenn eine positive Einstellung gegenüber dem Fliegen vorliegt, steht möglicherweise die Reiselust im Vordergrund. Die Auswirkungen der Flugreise sind dann weniger relevant. Subjektiv wichtiger ist es, in die Ferne zu reisen und fremde Länder zu besuchen. Je nach dem, wie weit das Reiseziel entfernt ist, ist es mit anderen Verkehrsmitteln nicht möglich, dorthin zu reisen. Auch der zeitliche Aspekt kann eine Rolle spielen. Die Anreise mit dem Flugzeug ist in der Regel am schnellsten.

Wenn eine negative Einstellung vorliegt, ist die Person möglicherweise sehr umweltbewusst. Sie würde keine lange Flugreise antreten. Stattdessen würde sie ein weniger weit entferntes Reiseziel wählen. Hierbei würde sie vermutlich darauf achten, dass dies gut mit der Bahn erreichbar ist oder Car-Sharing-Angebote nutzen. Zieht man nun das Fallbeispiel heran, hätte diese Person eine negative Einstellung zu langen Flugreisen, da ihr der Umweltschutz am Herzen liegt. Bezogen auf den Verhaltensbereich Ernährung kann die Einstellung ebenfalls negativ oder positiv sein. Ist Person einer regionalen, saisonalen Ernährung gegenüber negativ eingestellt, kann das daran liegen, dass sie gerne flexibel im Einkaufverhalten – unabhängig von der Saison. Ist eine Person, wie etwa die aus dem Beispiel, sich ihres Konsumverhaltens bewusst, wird sie eher zu regionalen Lebensmitteln oder sogar Bio-Produkten greifen und sich der Saison anpassen. Sie ist dieser Verhaltensoption gegenüber also positiv eingestellt.

Die subjektive Norm, zum Beispiel hinsichtlich einer Flugreise, hängt maßgeblich vom sozialen Umfeld, der Gesellschaft und dem kulturellen und vielleicht auch religiösen Hintergrund eines Individuums ab. Sofern für die meisten Personen im sozialen Umfeld eines Menschen Fernreisen eine große Bedeutung haben, vielleicht sogar mit dem Darstellen eines bestimmten Images oder Status zusammenhängt, schließt sich die Person dem eher an. Das als gewöhnlich angesehene Verhalten wird zum Maßstab des eigenen Handelns. Wäre die Person umgeben von Menschen, die sich für Umwelt- und Klimaschutz engagieren und informierte Konsumscheidungen treffen, würde sie vermutlich auf eine

Flugreise verzichten. Im Kontext von ernährungsbezogenem Konsumverhalten, sind hinsichtlich der subjektiven Norm ähnliche Effekte zu erwarten wie beim Thema Flugreise. Konsumiert das soziale Umfeld einer Person vorrangig regionale, saisonale Lebensmittel und Bio-Produkte, ist dies die Norm und wird wahrscheinlich nachgeahmt.

Die Verhaltenskontrolle beeinflusst, ob eine Person sich für oder gegen eine Verhaltensoption entscheidet. Wenn sie darauf setzt, dass sie nicht die einzige ist, die sich gegen eine Flugreise entscheidet, kann damit die Erwartung verbunden sein, dass die Nachfrage insgesamt sinkt und weniger Flugreisen angeboten werden und das Klima weniger belastet wird. Um die wahrgenommene Verhaltenskontrolle zu erhöhen, kann die Person offen über die Konsumentscheidung sprechen, indem sie zum Beispiel die sozialen Medien nutzt. So kann sie Menschen dazu anregen, ihre Konsumentscheidungen zu überdenken. Genauso kann sich die Person bewusst für die Flugreise entscheiden. Ein Grund dafür könnte sein, dass sie ihren eigenen Einfluss als zu gering einschätzt, um auf die Reise zu verzichten. Eine Person, die sich bereits ausführlich mit der Herkunft von Lebensmitteln und den Transportbedingungen sowie deren Konsequenzen auseinandergesetzt hat, wird im Supermarkt mit der Wahrnehmung größerer Kontrolle zu regionalen und saisonalen Lebensmitteln greifen. Möglicherweise geht sie sogar dazu über, regionale Landwirtschaftsbetrieben gezielt unterstützen. Eine Person, die geringe Verhaltenskontrolle wahrnimmt, wird nicht prioritär zu regionalen und saisonalen Produkten greifen.

3. Aufgabe

3.1 Das Stufenmodell der psychosozialen Entwicklung nach E. Erikson

Das Stufenmodell von E. Erikson stellt dar, welche Entwicklungsschritte ein Mensch im Laufe seines Lebens durchläuft. Es betrachtet die gesamte Lebensspanne. Die acht Stufen bauen aufeinander auf und prägen die Identität eines Individuums. In jeder Phase steht ein bestimmter Konflikt im Vordergrund. Erikson nennt die Bewältigung dieser Konflikte *Entwicklungsaufgaben*. Zwischen Bedürfnissen und Anforderungen entsteht ein Spannungsfeld, in dem sich eine Person bewegt. In diesem Prozess findet die Bildung der Identität statt (Erikson, 1993).

Bedeutend für Eriksons Modell ist sein Verständnis von Identität. Er versteht Identität als einen Schnittpunkt zwischen dem, was eine Person selbst sein möchte einerseits und andererseits, was davon die Außenwelt zulässt. Der Mensch steht also stets in Interaktion mit der Umwelt (Erikson, 1993).

In der ersten Phase geht es um den Konflikt Ur-Vertrauen vs. Ur-Misstrauen. Dieser Konflikt findet im ersten Lebensjahr statt. Das Kind ist vollständig auf die Zuwendung und Pflege der Eltern angewiesen. Die Erfüllung der Bedürfnisse ist wichtig, damit das Kind mit einem adäquaten Maß von Misstrauen und Vertrauen aufwächst (Erikson, 1993).

Auf der zweiten Stufe geht es um Autonomie vs. Scham und Zweifel. Sie wird im zweiten und dritten Lebensjahr durchlaufen. In diesem Alter explorieren Kinder und lernen ihre Umwelt kennen. Die Grundlage dafür ist, dass in der ersten Phase ein stabiles Vertrauen zur Bezugsperson entwickelt wurde. Wenn Eltern das Kind zurückweisen oder erste Grenzen setzen, entstehen Scham und Zweifel. Das Kind hat nach dem erfolgreichen Durchlaufen dieser Entwicklungsaufgabe eine gesunde Autonomie (Erikson, 1993).

In der dritten Phase, Initiative vs. Schuldgefühl, befindet sich das Kind im vierten und fünften Lebensjahr. Das Kind beginnt selbst zu entscheiden, was es möchte und testet aus, wie weit seine Macht reicht. Gleichzeitig entwickelt sich ein Gefühl für Moral, zum Beispiel richtig und falsch. Wenn ein Kind bemerkt, dass es etwas Falsches getan hat, entsteht dadurch Schuldgefühl. Erikson verortet den erstmals von Sigmund Freund postulierten Ödipus-Komplex in dieser Phase. Das Kind rivalisiert in diesem Kontext mit dem gleichgeschlechtlichen Elternteil (Seiffge-Krenke, 2014). Wird dieser Konflikt gut ausbalanciert, entwickelt das Kind eine gesunde Wahrnehmung von Moral (Erikson, 1993).

Vom sechsten Lebensjahr bis hin zur Pubertät wird die Entwicklungsaufgabe Werksinn vs. Minderwertigkeitsgefühl bearbeitet. Das Kind versucht zunehmend an der Welt der Erwachsenen teilzuhaben und hat ein gesteigertes Interesse daran, etwas zu kreieren. Minderwertigkeitsgefühl kann dann entstehen, wenn das Kind sich unterschätzt fühlt, etwa, weil es zu wenig Anerkennung bekommt. Wird die Phase erfolgreich bewältigt, vertraut das Kind in die eigenen Fähigkeiten (Erikson, 1993).

Im Jugendalter befindet sich der Mensch auf Stufe fünf: Identität vs. Identitätsdiffusion. Unter anderem durch die körperlichen Veränderungen stellt sich die Frage, wer man ist und welche Rolle man in der Gesellschaft hat – die Frage nach Selbstbild und Identität. Findet dieser Prozess nicht erfolgreich statt, entsteht Identitätsdiffusion, andernfalls hat die Person die Fähigkeit treu zu sein entwickelt (Erikson, 1993).

Im frühen Erwachsenenalter gelangt ein Individuum in die sechste Phase: Intimität und Solidarität vs. Isolation. Nachdem in den vorangegangenen Phasen viel Auseinandersetzung mit der eigenen Person und Identität stattgefunden hat, geht es nun um Beziehungen und Freundschaften. Die Isolation hingegen bedeutet den Rückzug vor sozialen Kontakten. Entsteht ein Gleichgewicht, wird eine Person befähigt, Beziehungen aufrecht zu erhalten (Erikson, 1993).

Auf der siebten Stufe geht es um den Konflikt zwischen Generativität und Stagnation sowie Selbstabsorption. Generativität beinhaltet Fürsorge für nächste Generationen und die Frage, was man hinterlassen bzw. vererben möchte. Dem gegenüber steht das ausschließliche Kümmern um sich selbst, das zu Stagnation und Selbstabsorption führt (Erikson, 1993).

Im späten Erwachsenenalter findet die Entwicklungsaufgabe Ich-Integrität vs. Verzweiflung statt. Im Rahmen der Ich-Integrität empfindet die Person Akzeptanz und Wohlwollen gegenüber dem eigenen Leben. Sie ermöglicht auch Akzeptanz bezüglich des eigenen Sterbens. Zu Verzweiflung kann es durch Angst vor dem Tod und Reue kommen (Erikson, 1993).

3.2 Erikson und Freud: Gemeinsamkeiten und Unterschiede

Sowohl das Stufenmodell der psychosozialen Entwicklung als auch die Phasen der psychosexuellen Entwicklung nach Freud beruhen auf dem Grundgedanken, dass der Mensch in seinem Entwicklungsprozess verschiedene Stufen bzw. Phasen durchläuft. Außerdem stimmen beide damit überein, dass die Entwicklung der Persönlichkeit von biologischen Veränderungen beeinflusst wird. In der ersten Phase beider Modelle besteht eine weitere Gemeinsamkeit, denn beide Psychoanalytiker gehen davon aus, dass es in dieser Phase in erster Linie um die Befriedigung von Grundbedürfnissen geht. Auch bezüglich der dritten Phase aus Eriksons Stufenmodell (Initiative vs. Schuldgefühl, 3.-5. Lebensjahr) sind sich Erikson und Freud ähnlich. Denn es deckt sich inhaltlich mit der phallischen Phase von Freud. Kinder explorieren in dieser Phase viel und zeigen eine sexuelle Neugierde (Furnham, 2010; Scheck, 2015). Bedeutsam schätzen auch beide die Entwicklung eines Gewissens ein (Siegler, 2021).

Es gibt auch einige Unterschiede zwischen den beiden Modellen. Denn obwohl Erikson Freuds Modell als Grundlage verwendet und darauf aufgebaut hat, hat er ein eigenständiges Modell entwickelt. So steht bei Freud die sexuelle Entwicklung eines Menschen deutlich im Vordergrund. Bei Erikson nimmt diese Thematik eine weniger prominente Rolle ein (Furnham, 2010; Faltermaier, Mayring, Saup & Strehmel, 2013).

In Eriksons Stufenmodell der psychosozialen Entwicklung stellen die sozialen Faktoren einen großen Unterschied zu Freud Modell dar. Laut Siegler et al. (2021) gehören zu den sozialen Faktoren etwa Generationsunterschiede, tagesaktuelle Themen, kulturelle Prägungen sowie Geschlechterrollen. Außerdem steht bei Erikson die Ich-Entwicklung eines Individuums mehr im Vordergrund als bei Freud (Lohaus & Vierhaus, 2015), der sich eher auf sein Instanzenmodell fokussiert (Haubl & Rohl, 2020).

Ein wichtiger Unterschied der beiden Modelle ist der betrachtete Zeitraum (Lohaus & Vierhaus, 2015). In Eriksons Modell erstrecken sich die Phasen über die gesamte

Lebensspanne eines Menschen, von der Geburt bis hin zum hohen Alter. Freuds Modell der psychosexuellen Entwicklung ist mit der genitalen Phase mit etwa dem 18 Lebensjahr abgeschlossen ist (Furnham, 2010).

Die Art und Weise wie ein Mensch von einer Phase in die andere übertritt, unterscheidet sich ebenfalls bei Freud und Erikson. Freuds Annahmen beruhen in erster Linie auf dem Prinzip der Triebbefriedigung. Werden Triebe nicht ausreichend befriedigt, können Probleme in der Entwicklung eines Individuums entstehen (Furham, 2010). Bei Erikson hingegen entsteht die Entwicklung einer Persönlichkeit durch die Bewältigung von Entwicklungsaufgaben bzw. Krisen. Werden die Aufgaben nicht erfolgreich bewältigt, entstehen Entwicklungsprobleme (Siegler et al., 2021).

3.3 Forschungsstand – Relevanz des Modells für Gesundheit im Alter

Der Aspekt der betrachteten Altersspanne ist einer der deutlichsten Unterschiede zwischen dem psychosozialen Stufenmodell von Erikson und dem Modell der psychosexuellen Entwicklung von Freud (Haubl & Rohl, 2020). Die Relevanz beider Modelle für die Kindheit und Jugend zeigt sich deutlich (Lohaus & Vierhaus, 2015). Doch die Relevanz Eriksons Stufenmodells für das fortgeschrittene Alter bedarf noch weiterer Forschung. Einige Studien zu diesem Forschungsgegenstand gibt es bereits.

Zu nennen ist an dieser Stelle die Studie von Goodcase und Love aus dem Jahr 2017. Es ging hier um Menschen im höheren Lebensalter, die etwa unter depressiven Stimmungen litten. Solcherlei Beschwerden können, legt man Eriksons Stufenmodell zugrunde, durch die nicht erfolgreiche Bewältigung der letzten Entwicklungsaufgabe entstehen: Ich-Integrität vs. Verzweiflung. Die Forschenden operationalisierten die Frage, ob die Krise erfolgreich durchlaufen wurde, mithilfe zweier Methoden: Dem Lebensrückblick und der narrativen Therapie. Bei dem Lebensrückblick wird der Mensch dabei begleitet, sich selbst, die Erfahrungen und das Leben zu reflektieren und Bewertungen zu finden. Bei der narrativen Therapie hingegen fokussiert sich die Person auf die individuelle Lebensgeschichte. Diese wird im Rahmen des Therapiekonzepts auch als *Dominante Erzählung* bezeichnet. Mithilfe dieser Methoden sollten die Menschen die Entwicklungsaufgabe überwinden, also die Verzweiflung lindern und zur Ich-Integrität finden (Goodcase & Love, 2017).

Eine türkische Studie untersuchte Menschen, die sich, nach Erikson, in der achten Phase des Lebens befanden. Die Forschenden eruierten das Ausmaß der zukunftsorientierten Hoffnung. Diese wurde mithilfe der Beck-Hoffnungslosigkeit-Skala erhoben. Zur Stichprobe gehörten ausschließlich Personen aus der Provinz Sakarya. Die Forschenden wählten gezielt Eriksons Stufenmodell als Grundlage ihrer Studie aus. In dieser Studie wurde ein

Geschlechterunterschied untersucht, der sich nicht bestätigte. Die Hoffnungslosigkeit zeigte sich bei verheirateten und gemeinsam lebenden Personen geringer als bei alleinlebenden Menschen. Zudem hatten ältere Personen, die mit ihrem Alter und mit ihrem allgemeinen Gesundheitszustand zufrieden waren, eine größere Hoffnung in Bezug auf ihre Zukunft. Dieser Punkt wird auch mit Eriksons achter Stufe in Verbindung gebracht. Hoffnung und Zufriedenheit werden somit als Faktoren erachtet, die die potenzielle Verzweiflung der letzten Entwicklungsaufgabe lindern und zu mehr Ich-Integrität führen können (Günes, Danis, Gudi, Pinar & Altürk, 2018).

Oft findet man die letzte Phase von Eriksons Stufenmodell in Zusammenhang mit Narrativer Therapie. So auch in der Studie von Youngmi Ahn (2017). Hier wurden N=56 Bewohnende eines Seniorenzentrums untersucht. Es wurden drei Experimental-Gruppen gebildet. Jede Experimentalgruppe durchlief insgesamt acht Sitzungen. Zwei Mal in der Woche fand eine Sitzung Narrativer Therapie, 60-90 Minuten umfassend, statt. Das Ziel der Therapie war die Entwicklungsaufgabe Ich-Integrität vs. Verzweiflung. Es wurde daran gearbeitet, eine positivere Ich-Integrität zu erlangen und weniger Angst vor dem Tod zu haben. Bei den Teilnehmenden zeigte sich zuletzt das Ergebnis verringerter Angst im Allgemeinen und Angst vor dem Tod im Speziellen. Außerdem konnte die Ich-Integrität erfolgreich gestärkt werden (Ahn, 2017).

In zwei Studien von Hearn, Saulnier und Strayer (2012) wurde der Versuch angestellt, einzustufen, an welchem Punkt im Kontinuum zwischen Ich-Integrität und Verzweiflung sich Menschen befinden. In der ersten Studie bestand die Stichprobe aus N=97 Menschen im Alter von 65 Jahren. Zur Erhebung wurde das Self-Examination Interview (SEI) verwendet. Die Einstufungen lauteten integriert, nicht explorierend, pseudointegriert und verzweifelt. Hinzu gezogen wurden fünf weitere Messgrößen: Integritätssubskala des modifizierten Eriksonianischen Psychosozialen Inventars, die Geriatrische Depressionsskala und die subjektiv wahrgenommene Gesundheit. Es zeigte sich, dass integrierte Personen häufig eine sichere Identität hatten, pseudointegrierte und nicht-explorierende Personen hingegen oft sozial isoliert waren. Es bestanden also hier auch Bezüge den vorherigen Entwicklungsaufgaben nach Erikson (Hearn, Saulnier & Strayer, 2012).

In einer zweiten Studie der Forschenden wurde eine Stichprobe von N=70 Menschen ab 70 Jahren herangezogen. Sie konnte die Integritätsstatus der ersten Studie bestätigen. Außerdem wurden in ihrem Rahmen Variablen hinzugefügt, die die Reife und Komplexität des soziomoralischen Denkens eruieren. Der Status der Ich-Integrität stand in einem negativen Zusammenhang mit der Intoleranz für Ambiguität. Der Status des Nicht-Explorierens hingegen zeigte eine positive Korrelation. Die höchsten Niveaus von soziomoralischem Denken wurden in der Gruppe integrierter Personen gemessen, ebenso das dialektische Denken. Die Gruppe von nicht-explorierenden und verzweifelten Menschen zeigte mechanistische Denkmuster auf (Hearn, Saulnier & Strayer, 2012).

Malone, Liu, Vaillant, Rentz & Waldinger (2016) nutzten Daten einer über 75 Jahre laufenden Längsschnittstudie. Diese untersuchte, ob die psychosoziale Entwicklung von Männern in der Lebensmitte mit der emotionalen Gesundheit und der kognitiven Leistungsfähigkeit im Alter korreliert. Die Studie zeigte schließlich, dass eine erfolgreichere Bewältigung der Entwicklungsaufgaben im mittleren Lebensalter mit weniger Depressivität einhergeht sowie mit besseren exekutiven Funktionen im hohen Alter (Malone et al., 2016).

In einer Studie aus dem Jahre 1997 ging es um das Kohärenzgefühl älterer Menschen und Erinnerungen und die Vergangenheit in Bezug auf die achte Phase von Eriksons Stufenmodell (Rennemark & Hagberg). Zur Datenerhebung wurden ein Interview und ein Fragebogen verwendet. Die Studie zeigte, dass zwischen den beiden Konstrukten ein Zusammenhang besteht. Je positiver die Lebensgeschichte erinnert wird, desto stärker wird ein Kohärenzgefühl erlebt (Rennemark & Hagberg, 1997)

3.4 Diskussion aus der Sicht der Gesundheitspsychologie

Das vorherige Kapitel zeigt die spezifische Relevanz der achten Phase für das hohe Alter (Rennemark & Hagberg, 1997; Malone et al., 2016; Hearn, Saulnier & Strayer, 2012; Ahn, 2017; Günes, Danis, Gudi, Pinar & Altürk, 2018; Goodcase & Love, 2017) und somit auch für Disziplinen wie die Geriatrie, die Gerontopsychiatrie, die Sterbebegleitung und viele andere.

Grundsätzlich hat Erikson mit seinem Stufenmodell einen großen Beitrag zum Verstehen, Erklären und Beeinflussen menschlichen Verhaltens geleistet. Mit jeder Stufe entwickelt sich die Identität einer Person und die Bewältigung von Entwicklungsaufgaben kann auf Grundlage des Modells unterstützt werden. Obwohl es bereits einige Studien zum hohen Alter gibt, sind hier dennoch Lücken erkennbar und bezüglich der Bedeutung dieser Lebensphase und auch des Potenzials zur Verbesserung von psychischer Gesundheit und Lebenszufriedenheit bedarf es noch umfassenderer Forschung. Auch könnte interessant sein, mehr Korrelationen und Kausalitäten zwischen den verschiedenen Stufen zu untersuchen im Sinne einer Längsschnittstudie wie etwa derjenigen von Malone et al. (2016).

Um weiter mit dem Modell forschen zu können, könnte es sich als sinnvoll erweisen, Eriksons Konstrukte teilweise genauer und auf Basis aktueller Kenntnisse pointierter zu definieren.

Weiter zu erforschen ist außerdem die Übertragbarkeit von Eriksons Stufenmodell auf verschiedene Kontexte. Erikson als Psychoanalytiker hat seine Erkenntnisse vor allem aus Beobachtung und Erfahrung im klinischen Kontext entwickelt. Interessant könnte nun sein, diese Erkenntnisse im Kontext aktueller Phänomene zu prüfen und sie anzuwenden. Beispiele hierfür könnte etwa das Aufwachsen mit den Sozialen Medien sein, die Konfrontation mit Klimawandel und potenziell daraus resultierenden alltäglichen Ängsten und auch die Auswirkung der Pandemie und ihrer Restriktionen auf verschiedene Entwicklungsaufgaben. Auch die Frage, inwiefern die Veränderung von Sprache, zum Beispiel das sogenannte Gendern, sich auf die Entwicklung von Identität mit dem Kontext verschiedener Bildungshintergründe auswirkt, könnte ein sinnvolles Forschungsfeld sein.

Neben vielen möglichen Forschungsfeldern gibt es aber auch weitere Kritik am Stufenmodell. So wird etwa bemängelt, dass es sich hierbei um ein unidirektionales Modell handelt. Es wird somit automatisch ausgeschlossen, dass das Leben in mehr als einer Richtung verlaufen kann (Faltermaier et al., 2013).

In der Gesundheitspsychologie kann das Stufenmodell von Erikson als sehr hilfreich erachtet werden und bringt viel Potenzial für die praktische Umsetzung mit sich. Durch Spezifizierungen von Begrifflichkeiten und Aktualisierung bezüglich des Verständnisses der verschiedenen Stufen könnte das Modell in noch mehr Bereichen Anwendung finden und sowohl wichtige Forschungserkenntnisse liefern als auch praktischen Nutzen.

Literaturverzeichnis

Ahn, Y. (2017). *The impact of narrative therapy on fear of death anxiety and ego-integrity in elderly.* International Information Institute (Tokyo). Information, 20(4B), 2945-2954.

Ajzen, I. (1991). The theory of planned behavior. *Organizational behavior and human decision processes, 50*(2), 179-211.

Ajzen, I. & Fishbein, M. (1980). Theory of reasoned action in understanding attitudes and predicting social behaviour. *Journal of Social Psychology.*

Beer, D. L. (2016) *Teacher trainees' understanding of an eco-economic phenomenon.*

Bilharz, M. (2009). *" Key Points" nachhaltigen Konsums: ein strukturpolitisch fundierter Strategieansatz für die Nachhaltigkeitskommunikation im Kontext aktivierender Verbraucherpolitik* (Vol. 4). Metropolis-Verlag GmbH.

Bursa, B., Mailer, M. & Axhausen, K. W. (2022). Travel behavior on vacation: transport mode choice of tourists at destinations. *Transportation research part A: policy and practice, 166,* 234-261.

Bühler, A.; Metz, Karin; Kröger, C. & Schulz, Florian (2004). *Das Transtheoretische Modell in der Praxis der Tabakentwöhnung: Wählen Patienten eine Massnahme entsprechend ihres Motivationsstatus? - Statuskolloquium des BMBF-Suchtforschungsverbundes ASAT. - München.*

Brückner, M. (2006). *Der Umgang mit Rückfällen während der Suchttherapie mit substanzabhängigen Jugendlichen: Welche Bedeutung hat der Rückfall während der Therapie für den weiteren Rehabilitationsprozess des suchtkranken Jugendlichen?* diplom. de.

Cronacher, F. (2013). *Narrativer Review zur Wirksamkeit des TranstheoretischenGesundheitsverhaltensmodells*(1.Auflage). Hamburg: Diplom.de

Cronacher, F. (2018). *Narrativer Review zur Wirksamkeit des Transtheoretischen Gesundheitsverhaltensmodells.* Diplom. de.

Csutora, M. (2012). One More Awareness Gap? The Behaviour–Impact Gap Problem.*Journal of Consumer Policy, 35*(1), 145–163. https://doi.org/10.1007/s10603-012-9187-8

Dietz, T., Gardner, G. T., Gilligan, J., Stern, P. C. & Vandenbergh, M. P. (2009). Household actions can provide a behavioral wedge to rapidly reduce US carbon emissions. *Proceedings of the national academy of sciences, 106*(44), 18452-18456.

Erikson, E. H. (1993). Childhood and society. WW Norton & Company.

Faltermaier, T., Mayring, P., Saup, W. & Strehmel, P. (2013). *Entwicklungspsychologie des Erwachsenenalters.* Kohlhammer Verlag.

Fischer, C. & Stieß, I. (2020). *Nachhaltiger Konsum im Dialog: Anregungen für die Politik.*

Fishbein, M. & Ajzen, I. (1975). *Belief, attitude, intention, and behavior: An introduction to*

theory and research. Reading: Addison-Wesley.Pallonen, U. E., Prochaska, J. O.,
Velicer, W. F., Prokhorov, A. V., & Smith, N. F. (1998). Stages of acquisition and
cessation for adolescent smoking: an empirical integration. *Addictive
behaviors, 23*(3), 303-324.

Furnham, A. (2010). *Psychosexuelle Entwicklungsphasen.* In: 50 Schlüsselideen Psychologie.
Spektrum Akademischer Verlag, Heidelberg. https://doi.org/10.1007/978-3-8274-
2379-5_39

Gatersleben, B., Steg, L. & Vlek, C. (2002*). Measurement and determinants of environmentally
significant consumer behavior.* Environment and behavior, 34(3), 335-362.

Goodcase, E. T. & Love, H. A. (2017). *From despair to integrity: Using narrative therapy for
older individuals in Erikson's last stage of identity development.* Clinical Social Work
Journal, 45, 354-363.

GüneŞ, Ö., DaniŞ, M. Z., Gudil, T., Pinar, N., & Altürk, Ş. (2018). Die Bewertung von sozialen
Dienstleistungen an Senioren nach der Psychosozialen Entwicklungstheorie von
Erikson: Am Beispiel der Provinz Sakarya. *Turkish Journal of Applied Social Work,*
1(1), 35-47.

Hagger, M., Chatzisarantis, N., & Biddle, S. (2002). A meta-analytic review of the theories of
reasoned action and planned behavior in physical activity: Predictive validity and the
contribution of additional variables. *Journal of sport & exercise psychology.*

Haubl, R. & Lohl, J. (2020). *Psychoanalyse. Handbuch Qualitative Forschung in der
Psychologie*: Band 1: Ansätze und Anwendungsfelder, 49-66..

Hearn, S., Saulnier, G., Strayer, J. et al. *Between Integrity and Despair: Toward Construct
Validation of Erikson's Eighth Stage.* J Adult Dev 19, 1–20 (2012).
https://doi.org/10.1007/s10804-011-9126-y

Huddart Kennedy, E., Krahn, H. & Krogman, N. T. (2015). *Are we counting what counts? A
closer look at environmental concern, pro-environmental behaviour, and carbon
footprint.* Local Environment, 20(2), 220-236.

IPCC, 2022: *Climate Change 2022: Impacts, Adaptation, and Vulnerability.* Contribution of
Working Group II to the Sixth Assessment Report of the Intergovernmental Panel on
Climate Change [H.-O. Pörtner, D.C. Roberts, M. Tignor, E.S. Poloczanska, K.
Mintenbeck, A. Alegría, M. Craig, S. Langsdorf, S. Löschke, V. Möller, A. Okem, B.
Rama (eds.)]. Cambridge University Press. Cambridge University Press, Cambridge,
UK and New York, NY, USA, 3056 pp., doi:10.1017/9781009325844.

Kanning, M. (2006). *Körperlich aktive Herzerkrankte: Änderungsprozesse und Strategien zur
Aufrechterhaltung von körperlich-sportlicher Aktivität.*

Keller, R. *Das Transtheoretische Modell der Verhaltensänderung – Validierung der Stufen der
Verhaltensänderung am Beispiel Rauchen.* 2008, University of Zurich, Philosophische
Fakultät.

Keller, S. (Hrsg.). (1999). *Motivation zur Verhaltensänderung: Das Transtheoretische Modell in Forschung und Praxis*. Freiburg: Lambertus.

Kröger, C., Piontek, D. & Nowak, M. Raucherentwöhnung. *Gefässchirurgie* 15, 270–272 (2010). https://doi.org/10.1007/s00772-010-0795-9

Lippert, A. (2021). *„Ja, ich will!"* – Wie man innere Selbstverpflichtung und Durchhaltemotivation stärkt. In: *Motivation stärken in Therapie und Beratung. Psychotherapie: Praxis*. Springer, Berlin, Heidelberg. https://doi.org/10.1007/978-3-662-63303-8_6

Lohaus, A. & Vierhaus, M. (2015). *Entwicklungspsychologie des Kindes-und Jugendalters für Bachelor* (3., überarb. Aufl.). Berlin: Springer.

Malone, J. C., Liu, S. R., Vaillant, G. E., Rentz, D. M. & Waldinger, R. J. (2016). Midlife Eriksonian psychosocial development: Setting the stage for late-life cognitive andemotional health. *Developmental Psychology,52*(3), 496–508.

Manning, M. (2009). The effects of subjective norms on behaviour in the theory of planned behaviour: A meta-analysis. *British journal of social psychology*, 48(4), 649-705.

Marc, A. (2007). *Eine Untersuchung zur Validität des Transtheoretischen Modells im Bereich sportlicher Aktivität.*

Marks, D. R. (2008). The Buddha's extra scoop: Neural correlates of mindfulness and clinical sport psychology. *Journal of Clinical Sport Psychology*, 2(3), 216-241.

Marshall, S. J. & Biddle, S. J. (2001). The transtheoretical model of behavior change: a meta-analysis of applications to physical activity and exercise. *Annals of behavioral medicine*, 23(4), 229-246.

Moser, S. & Kleinhückelkotten, S. (2018). Good intents, but low impacts: diverging importance of motivational and socioeconomic determinants explaining pro-environmental behavior, energy use, and carbon footprint. *Environment and behavior, 50*(6), 626-656.

Pallonen, U. E., Velicer, W. F., Prochaska, J. O., Rossi, J. S., Bellis, J. M., Tsoh, J. Y., ... & Prokhorov, A. V. (1998). *Computer-based smoking cessation interventions in adolescents: description, feasibility, and six-month follow-up findings. Substance use & misuse*, 33(4), 935-965.

Pfeffer, I. & Wegner, M. (2020). Modelle zur Erklärung der Veränderung von Gesundheitsverhalten und körperlicher Aktivität. In J. Schüler, M. Wegner & H. Plessner (Hrsg.), *Sportpsychologie: Grundlagen und Anwendung (S. 531–549)*. Berlin: Springer.https://doi.org/10.1007/978-3-662-56802-

Pömpner, A. & Geise, W. (2019). *Zur Anwendung der Theorie des geplanten Verhaltens auf den Kauf von Fairtrade-Lebensmitteln durch Jugendliche–Eine empirische Studie* (No. 2240-2019-3046).

Prochaska, J. O. & Velicer, W. F. (1997). The transtheoretical model of health behavior change. *American Journal of Health* Promotion, 12, 38-48

Prochaska, J. O. & DiClemente, C. C. (1983). Stages and processes of self-change of smoking: toward an integrative model of change. *Journal of consulting and clinical psychology, 51*(3), 390.

Prochaska, J. O., Velicer, W. F., DiClemente, C. C, & Fava, J. (1988). Measuring processes of change: applications to the cessation of smoking. *Journal of consulting and clinical psychology, 56*(4), 520.

Rennemark, M. & Hagberg, B. (1997).*Sense of coherence among the elderly in relation totheir perceived life history in an Eriksonian perspective.*Aging & Mental Health,1(3),221–229

Rosen, C. S. (2000). Is the sequencing of change processes by stage consistent across health problems? A meta-analysis. *Health Psychology,* 19, 593-604.

Scheck, S. (2015). *Das Stufenmodell von Erik H. Erikson.* diplom. de.

Scholz, U. & Schwarzer, R. (2005). Modelle der Gesundheitsverhaltensänderung. *Gesundheitspsychologie, 1,* 389-405.

Scholz, U. & Schwarzer, R. (2005). Modelle der Gesundheitsverhaltensänderung. *Gesundheitspsychologie,* 1, 389-405.

Seiffge-Krenke, I. (2014). Psychoanalytische Entwicklungs betrachtungen der Jugend. In: Ahnert, L. (eds) *Theorien in der Entwicklungspsychologie.* Springer VS, Berlin, Heidelberg. https://doi.org/10.1007/978-3-642-34805-1_15

Siegler, R., Saffran, J. R., Gershoff, E. T., Eisenberg, N., Siegler, R., Saffran, J. R., ... & Eisenberg, N. (2021). Moralentwicklung. *Entwicklungspsychologie im Kindes-und Jugendalter: Deutsche Auflage unter Mitarbeit von Sabina Pauen,* 571-617.

Staudenmaier, R. (2012). *Sportliche Aktivitäten von Grundschulkindern-Entwicklung von Skalen vor dem Hintergrund der Theorie des geplanten Verhaltens.* Friedrich-Alexander-Universitaet Erlangen-Nuernberg (Germany).

Stern, P. C. (2000). New environmental theories. Toward a coherent theory of environmentally significant behavior. *Journal of Social Issues,* 56, 407–424. https://doi.org/10.1111/0022-4537.00175

Stern, P. C. & Gardner, G. T. (1981). Psychological research and energy policy. *American Psychologist, 36*(4), 329–342. https://doi.org/10.1037/0003-066X.36.4.329

Stonerock, G. L. & Blumenthal, J. A. (2017). Role of counseling to promote adherence in healthy lifestyle medicine: strategies to improve exercise adherence and enhance physical activity. *Progress in cardiovascular diseases, 59*(5), 455-462.

Strubel, I. T., Riedner, A. & Kals, E. (2016). *Motive freiwilligen Umweltengagements: Die Bedeutung von Gerechtigkeit und Wissen.* STRUBEL, IT und KALS, E.(Hg.): Freiwilligenarbeit und Gerechtigkeit. Zentrum für Organisations-und

Arbeitswissenschaften EHTZ, Zürich: S, 83-99.

Umweltbundesamt. (2020). *Wie klimaschädlich sind Flugreisen und Kreuzfahrten?* Zugriffam 15.02.2023. Verfügbar unter:https://www.umweltbundesamt.de/service/uba-fragen/wie-klimaschaedlich-sind-flugreisen-kreuzfahrten

Umweltbundesamt. (2022). *Flugreisen.* Zugriff am 15.02..2023. Verfügbar unter:https://www.umweltbundesamt.de/umwelttipps-fuer-den-alltag/mobilitaet/flugreisen#unsere-tipps

Umweltbundesamt. (n. d.). CO2-Rechner des Umweltbundesamtes. Zugriff am 15.02.2023.Verfügbar unter:https://uba.co2-rechner.de/de_DE/food#panel-calc

Velicer, W. F. & Keller, S. (1999). Prognosen für die Zukunft des Transtheoretischen Modells. *Motivation zur Verhaltensänderung: das transtheoretische Modell in Forschung und Praxis*, 229-248.

Velicer, W. F., Prochaska, J. O., Fava, J. L., Norman, G. J. & Redding, C. A. (1998). Smoking cessation and stress management: applications of the transtheoretical model. *Homeostasis, 38*(5-6), 216-33.

Weber, A. & Fiebelkorn, F. (2019). *Nachhaltige Ernährung, Naturverbundenheit und Umweltbetroffenheit von angehenden Biologielehrkräften—Eine Anwendung der Theorie des geplanten Verhaltens.* Z. Didakt. Nat, 25, 181-195.

Wittenberg, J. (2009). *Diebstahlskriminalität von Jugendlichen.* Waxmann Verlag.

BEI GRIN MACHT SICH IHR WISSEN BEZAHLT

- Wir veröffentlichen Ihre Hausarbeit,
  Bachelor- und Masterarbeit

- Ihr eigenes eBook und Buch -
  weltweit in allen wichtigen Shops

- Verdienen Sie an jedem Verkauf

Jetzt bei www.GRIN.com hochladen
und kostenlos publizieren